GUÍA DE LECTURA

Escrita por Marie Bouhon
Traducida por Tamara Montes Blanco

Yo, Malala

de Malala Yousafzai

Entiende fácilmente la literatura con

ResumenExpress.com

www.resumenexpress.com

MALALA YOUSAFZAI

GALARDONADA CON EL PREMIO NOBEL DE LA PAZ EN 2014

- **Nacida en 1997 en Mingora (Pakistán)**
- **Su obra:**
  - *Yo, Malala: la joven que defendió el derecho a la educación y fue tiroteada por los talibanes* (2013), relato autobiográfico

Malala Yousafzai es una joven pakistaní cuyas infancia y adolescencia estuvieron fuertemente marcadas por la presencia de talibanes en su país. A la edad de once años, administra un blog para la cadena de radiotelevisión británica BBC en el que explica su día a día bajo el yugo de estos extremistas religiosos y denuncia la situación de su país. Más tarde, pronuncia diversos discursos (en colegios, manifestaciones, concursos de elocuencia, visitas de políticos, etc.) con el fin de promover la educación para las niñas. En 2012, sobrevive a un atentado contra su persona y se hace mundialmente conocida.

Malala pronunció un discurso ante la ONU en 2013, recibió el Nobel de la Paz en 2014, creó una fundación para favorecer la educación y publicó un libro autobiográfico: *Yo, Malala: la joven que defendió el derecho a la educación y fue tiroteada por los talibanes.*

YO, MALALA

UN TESTIMONIO CONMOVEDOR

- **Género:** autobiografía, memorias
- **Edición de referencia:** Yousafzai, Malala. 2013. *Yo, Malala: la joven que defendió el derecho a la educación y fue tiroteada por los talibanes.* Traducido por Julia Fernández. Madrid: Alianza
- **Primera edición:** 2013
- **Temáticas:** educación, terrorismo, islam, Pakistán, militantismo

Este libro —publicado en octubre de 2013, un año después del atentado que transforma la vida de Malala— sigue el recorrido de esta adolescente comprometida con la educación de todos y principalmente con la de las niñas. Más que un simple testimonio, proporciona también puntos de referencia históricos y explica la expansión de los talibanes por Pakistán.

Esta obra —dirigida a un amplio público, que en su mayoría está poco familiarizado con las zonas de conflicto, los talibanes e incluso el islam— conlleva una gran dimensión explicativa, casi didáctica. Informa al lector sobre la etimología de ciertos términos, sobre los acontecimientos más importantes de la región de Swat —al norte del país—, y sobre el Corán y sus diferentes interpretaciones.

RESUMEN

UNA ESCOLARIZACIÓN COMPLICADA

Malala Yousafzai es una adolescente pakistaní que, debido a un atentado contra su persona, ahora vive en Birmingham (Inglaterra). Cuando era más joven, vivía en Swat, un distrito perdido de una provincia del norte de Pakistán, donde el ejército nacional y los talibanes se enfrentan desde hace varios años.

Nacida en una familia pobre —su padre se llena de deudas para fundar un colegio y su madre es ama de casa—, la jovencita tuvo aun así la suerte de estar escolarizada, lo que no sucede con todos los niños pakistaníes. De hecho, en un gran número de familias sucede que son ellos los que tienen que trabajar para ayudar a sus padres a satisfacer las necesidades de la familia. Además, puesto que la mayoría de mujeres son amas de casa, casi todas las niñas aprenden a cocinar antes que a leer, ya que sus padres consideran que esta es una competencia mucho más útil para su porvenir.

Malala, que desea más que nada que su padre se sienta orgulloso de ella, se esfuerza siempre en ser la primera de la clase. Sin embargo, a lo largo de los años, los talibanes ganan influencia y limitan el acceso a la educación de las niñas. Comienzan criticando las clases mixtas y continúan con los colegios mixtos. En 2009, cuando toman el poder de manera oficial, autorizan la escolarización de las niñas de menos de once años, pero poco después acaban prohibiéndola completa y violentamente. En total se destruyen cerca de 150 colegios. Desafiando la prohibición, Malala y algunas de sus compañeras siguen las clases de forma clandestina.

Unos meses más tarde, cuando la lucha entre los talibanes y el ejército pakistaní empeora, la población de Swat se ve obligada al exilio. Durante tres meses, Malala ya no puede acudir al colegio y, como no pudo llevarse sus libros, le resulta imposible trabajar y estudiar sola. A su regreso, la vida retoma su curso normal: los comercios vuelven a abrir, así como el colegio.

Por desgracia, en julio de 2010, unas lluvias torrenciales inundan la región, con resultados catastróficos. Un gran número de personas pierde la vida; carreteras y edificios se desploman y los pocos colegios que se libraron de la destrucción de los talibanes se encuentran fuertemente dañados.

A pesar de los destrozos y de la amenaza extremista, se retoman las clases poco a poco. Sin embargo, para Malala todo se para de nuevo en octubre de 2012 cuando dos talibanes la atacan a bordo del autobús escolar. Sobrevive milagrosamente y la trasladan a uno de los mejores hospitales del Reino Unido para curarla ahí. Tras un gran número de operaciones y una larga rehabilitación, finalmente puede retomar las clases, esta vez en Birmingham, donde vive ahora con su familia.

LA EXPANSIÓN DE LOS TALIBANES

Originalmente, el término «talibán» hace referencia a las personas que estudian el islam. Poco a poco, los talibanes —

que en su mayoría no acababan los estudios— comenzaron a extender su propia versión del Corán, con muchas libertades respecto al texto original, especialmente en lo que se refiere al lugar de la mujer en la sociedad.

En las regiones apartadas de Pakistán, su propaganda es muy sutil en un primer momento: gracias a una antena de radio, Maulana Fazlullah (jefe de los talibanes, nacido en 1974) proporciona a diario consejos para vivir de acuerdo con el islam. Estos tratan tanto de la higiene y de la cocina como de la agricultura, de la educación o del comportamiento que hay que adoptar. Las poblaciones locales acogen favorablemente estas palabras y apoyan a este jefe, tanto moral como financieramente.

Progresivamente, las recomendaciones se van haciendo más radicales —por ejemplo: condenan la música—. Asimismo, aparecen milicias que utilizan métodos particularmente violentos, tales como flagelaciones públicas, para mantener el orden instaurado. Los que dejan ver su desacuerdo con esta doctrina son eliminados inmediatamente. En cuanto a los colegios considerados inmorales, simplemente se destruyen.

Debido a estos excesos, estalla una guerra abierta entre los talibanes y el ejército pakistaní, así que las poblaciones locales se van a refugiarse en otras regiones del país. Más tarde, mientras que el ejército recupera el control de la situación y los pakistanís retoman un ritmo de vida normal, tienen lugar importantes inundaciones en el valle del Swat. Los talibanes aprovechan el caos y la angustia que reinan en el ambiente para acudir en auxilio de los pueblos remotos y acoger a los huérfanos. Educan o, más bien, adoctrinan a estos niños para crear extremistas a su vez.

A partir de ese momento, los ataques talibanes tienen objetivos concretos (un político, un militante, una bailarina, un colegio) y se reducen. El gobierno pakistaní considera entonces que ha vuelto la paz. Solo tienen lugar algunas detenciones puntuales —por ejemplo, durante el ataque perpetrado contra Malala—.

LA IMPORTANCIA DE LOS DISCURSOS

Cuando era joven, el padre de Malala participó con éxito en concursos de elocuencia. Para seguir sus pasos y hacer que se sintiera orgulloso, la joven decide inscribirse también en uno de esos concursos. Esta primera participación marca el inicio de una serie de discursos cuyo fin ya no es la simple dicción, sino la defensa de un derecho, el de la educación para todos. Rápidamente, Malala es invitada a algunos colegios y a otros lugares públicos de su ciudad y después a varias regiones de Pakistán, donde conoce a un gran número de políticos.

Debido a la tentativa de asesinato de la que es víctima, su voz y sus reivindicaciones alcanzan una dimensión in-ternacional. Ya conocida en el mundo entero, Malala crea una asociación y escribe un libro para aumentar aún más el impacto de su alegato y aportar un cambio a la situación educativa en Swat.

PUNTOS DESTACADOS

PAKISTÁN

Antes de su independencia, Pakistán forma parte del Imperio colonial británico de las Indias. Tras la división de este último en 1947, se crea el Estado de Pakistán, que también incluye a Bangladesh hasta 1971.

En las Indias británicas, un gran número de conflictos —por no decir masacres— enfrentan a los musulmanes con los hinduistas desde hace muchos años. La división y la creación del primer Estado islámico, Pakistán, dan origen a un éxodo de doble sentido: la mayoría de los hindúes presentes en su territorio marchan hacia la India, mientras que un gran número de musulmanes que residen en la India emigran hacia el nuevo Estado. Lejos de resolver todos los problemas, esta división engendra conflictos armados a causa de un desacuerdo sobre el establecimiento de fronteras.

Aunque Pakistán sea oficialmente un Estado islámico, actualmente cohabitan sobre el territorio diferentes religiones. En él encontramos tanto hindúes como cristianos o sijes (otra religión hindú). No obstante, estas minorías son objeto de discriminación, especialmente las mujeres.

Aunque este país es muy joven, ha visto cómo se sucedía un gran número de regímenes, bien en forma de dictadura militar, bien en forma de democracia. La mayoría de cambios políticos suceden tras un golpe de Estado o el asesinato de un dirigente. Evidentemente, esta profunda inestabilidad no favorece el desarrollo socioeconómico de Pakistán, que sufre en especial una débil tasa de alfabetización del 54,5 % (UNICEF, 2008-2012). La educación es un problema a causa del impacto de los conflictos y de la amenaza talibana. De hecho, aunque entre el 60 y el 70 % de los niños van a la escuela primaria, tan solo entre el 30 y el 40 % tiene acceso a la escuela secundaria (UNICEF, 2008-2012). También es importante señalar que el 21 % de la población vive por debajo del umbral de la pobreza (UNICEF, 2007-2011).

LOS CONFLICTOS CON LOS TALIBANES

La inestabilidad política pakistaní desempeña un papel importante en el desarrollo de movimientos extremistas. De hecho, cuando el gobierno apoyaba desde hacía mucho tiempo a los talibanes afganos, de repente se alía con Estados Unidos para luchar contra estos últimos, debido a los atentados del 11 de septiembre de 2001. Sin embargo, los talibanes ya están presentes en las regiones situadas en el noroeste de Pakistán, regiones montañosas poco pobladas y difíciles de controlar.

¿SABÍA QUE...?

El 11 de septiembre de 2001, unos terroristas toman el control de cuatro aviones en Estados Unidos y los desvían para cometer atentados suicidas en lugares simbólicos del país: dos de ellos chocan contra las torres gemelas del World Trade Center en Nueva York, y un tercero se precipita sobre el Pentágono (cuartel general de Defensa) en Virginia. El cuarto avión, gracias

Entre 2003 y 2004, esta lucha se intensifica, lo que desemboca en un conflicto armado entre los extremistas y el ejército nacional en las regiones tribales. Estas zonas se benefician de una relativa autonomía jurídica, y las incursiones del Gobierno, aunque en un principio eran toleradas, rápidamente empiezan a ser mal vistas por la población.

A pesar de algunos atentados puntuales, se firman acuerdos de paz entre ambas partes en abril de 2004. Sin embargo, en 2007, renacen las hostilidades, especialmente con el asedio de la Mezquita Roja (en Islamabad, capital del país) en el mes de julio. Más adelante, las tentativas de tregua se ven abocadas al fracaso, ya que el Gobierno cambia demasiado de líder y de orientación política.

Estos conflictos, a los que se añaden catástrofes naturales, causan multitud de muertes y ocasionan graves daños, dejando huérfanos a un gran número de niños e impidiendo a los otros tener una educación estable. En las regiones apartadas, los talibanes intervienen antes que las ONG durante las inundaciones de 2010, de este modo se ganan la aprobación de una parte de la población. Asimismo, acogen a los huérfanos en centros en los que los adoctrinan. Las relaciones ambiguas entre el Gobierno y su pueblo, por un lado, y las que establecen los talibanes con la población, por otro lado, complican la lucha contra estos últimos.

LA INTERVENCIÓN DE ESTADOS UNIDOS

Desde los atentados de 2001, Estados Unidos ofrece una significativa ayuda financiera y militar a Pakistán en el marco de la lucha contra el terrorismo. Esta intervención es fuente de varias tensiones:

- Estados Unidos estima que su aliado, si no juega a dos bandas, no despliega todos los medios necesarios para llevar a buen puerto la misión que comparten. Esta opinión se ve reforzada cuando, en 2011, el país americano encuentra —y abate— a Osama bin Laden en su residencia en Pakistán;
- en el marco de esta lucha contra el terrorismo, Estados Unidos envía un gran número de drones a las regiones apartadas del país. Sin embargo, entre las víctimas de estas máquinas teledirigidas, contamos cerca de un 30 % de civiles (Bergen 2010). Tanto la población pakistaní como los talibanes critican estas acciones;
- una parte de los pakistaníes considera la intervención de Estados Unidos en su territorio como una invasión que pretende apropiarse de sus tierras o, al menos, tomar el control sobre ellas. Hay quien incluso ha elaborado una teoría del complot, según la cual los atentados terroris-

tas (en Estados Unidos y en Pakistán) tendrían orígenes occidentales y servirían de excusa para la incursión americana en estas regiones.

CLAVES DE LECTURA

¿AUTOBIOGRAFÍA O MEMORIAS?

El relato de Malala se sitúa entre la autobiografía y las memorias. Presenta características propias de ambos géneros.

- La autobiografía:
- se redacta en primera persona del singular. El autor y el narrador son la misma persona;
- propone un punto de vista retrospectivo sobre los acontecimientos;
- ofrece una dimensión introspectiva. El autor reflexiona sobre su propia persona, así como sobre los elementos que constituyen su personalidad.
- Las memorias:
- están escritas por un autor que es un personaje histórico o público;
- tienen relación con acontecimientos históricos. Se pone en relieve la historia o la sociedad, más que la historia personal del autor.

Yo, Malala: la joven que defendió el derecho a la educación y fue tiroteada por los talibanes está escrito en primera persona del singular, trata de un personaje público y proporciona un punto de vista retrospectivo. Las dos últimas características —es decir, las dimensiones introspectiva e histórica— son más difíciles de discernir, por esta razón la obra puede considerarse al mismo tiempo una autobiografía y unas memorias.

De hecho, aunque Malala indica la influencia del modelo paternal en su forma de pensar y su voluntad de defender el derecho a la educación, la reflexión sobre su personalidad no es el elemento central del libro y, por lo tanto, no puede justificar plenamente la pertenencia a la autobiografía. Por el contrario, constatamos que el «pacto autobiográfico», el elemento constitutivo del género, se respeta.

En lo que concierne a las memorias, la unión con los acontecimientos históricos es evidente —además, Malala sitúa los hechos destacados de su infancia en la historia de Pakistán—. Sin embargo, no podemos afirmar que esta dimensión histórica —o incluso societal, ya que la joven trata las condiciones de vida y las costumbres de su país— sea preponderante en el relato. Se muestra igual de importante, y no más, que la historia personal de la joven.

DIFERENTES VISIONES DEL MUNDO OCCIDENTAL

La referencia al mundo occidental está omnipresente en esta obra, ya sea en forma de comparación o de crítica. Esta visión de Occidente es múltiple y compleja, ya que tiene en cuenta la opinión de diferentes interventores (Malala, su padre, los talibanes, etc.):

- los talibanes asocian el mundo occidental, y en particular Estados Unidos, con el pecado. Se oponen a la inmoralidad de esta sociedad, así como al imperialismo estadounidense;
- los pakistaníes del valle del Swat realizan una amalgama entre el mundo occidental y Estados Unidos, a quien también miran con ojo crítico. De hecho, los únicos contactos que tienen con este país son los drones enviados por el ejército estadounidense, que, en lugar de matar talibanes, siembran víctimas entre los civiles;
- Malala, aunque deplore los drones enviados por los estadounidenses, ve el mundo occidental como una solución posible, una ayuda exterior benéfica para los conflictos a los que se enfrenta Pakistán. Cuando se instala en el Reino Unido, compara ambas sociedades y destaca especialmente la calma y el orden que reinan en las calles. Envidia este mundo moderno en el que cada uno es dueño de su destino y los hombres y las mujeres son iguales. También se sorprende de la banalización de

estos elementos, que se consideran adquiridos, y de los que los occidentales ni siquiera se dan cuenta;

- la madre de Malala, cuando se mudan, se enfrenta al mundo occidental, en el que le cuesta encontrar su lugar. La gente le parece fría y distante, y el atuendo de los ingleses le choca.

RECEPCIÓN

Aunque el libro es aclamado en el mundo entero por el mensaje que vehicula, la fuerza y el coraje que muestra esta joven pakistaní, y por el ideal que representa esta lucha por la educación, no sucede lo mismo en Pakistán.

De hecho, algunos pakistaníes no aprecian mucho la reputación de Malala y piensan que ha sido manipulada por los occidentales, hasta el punto de poner en duda el atentado del que fue víctima. Según dicen algunos, se trata de una puesta en escena cuyo fin era irse a vivir al Reino Unido y así gozar de un confort desconocido en su pueblo natal. El hecho de que Malala luche por la educación y no critique mucho las políticas extranjeras —especialmente la injerencia de Estados Unidos— no juega a su favor en su país.

PISTAS PARA LA REFLEXIÓN

ALGUNAS PREGUNTAS PARA PROFUNDIZAR EN SU REFLEXIÓN...

- ¿Por qué el relato de Malala es subjetivo? Proporcione extractos del libro que fundamenten su respuesta.
- ¿Qué papel tiene la población pakistaní en la subida al poder de los talibanes? Ayúdese de ejemplos del libro para sostener su respuesta.
- ¿Piensa usted que si Malala fuera de sexo masculino, hubiera iniciado esta lucha igualmente? ¿En qué habría sido diferente su vida?
- ¿Qué papel desempeñó el padre de Malala en el compromiso de esta con la educación? Explíquelo con la ayuda de extractos del libro.
- «Tomemos nuestros libros y nuestros lápices. [...] Son nuestras armas más poderosas. Un niño, un maestro, un libro y un lápiz pueden cambiar el mundo» (Yousafzai 2013, Epílogo). Comente esta cita extraída de *Yo, Malala*.
- Actualmente, Malala vive en el Reino Unido. ¿Puede considerársela una refugiada? Justifique su respuesta con la ayuda de extractos del libro y establezca una relación con la actualidad (crisis de refugiados en Europa, 2016).
- ¿Qué visión de Occidente han extendido los talibanes? Explíquelo con la ayuda de ejemplos sacados del libro y critique esta visión de manera objetiva.
- Según usted, ¿podemos considerar esta obra una fuente histórica que certifica la amenaza talibana en Pakistán?
- ¿Piensa que la dimensión introspectiva es un elemento esencial que falta en el libro?

- El libro fue coescrito con una periodista inglesa, Christina Lamb. ¿Notamos su presencia en la obra?

PARA IR MÁS ALLÁ

EDICIÓN DE REFERENCIA

- Yousafzai, Malala y Christina Lamb. 2013. *Yo, Malala: la joven que defendió el derecho a la educación y fue tiroteada por los talibanes*. Traducido por Julia Fernández. Madrid: Alianza.

ESTUDIOS DE REFERENCIA

- Aziz, Shaista. 2014. "Malala made history but there is resentment not pride in Pakistan". *The Guardian*. 11 de octubre. Consultado el 18 de diciembre de 2015. http://www.theguardian.com/theobserver/she-said/2014/oct/11/malala-made-history-but-there-is-resentment-not-pride-in-pakistan
- Bergen, Peter. 2010. "L'utilisation de drones au Pakistan n'a pas d'effet sur la guerre". *Le Monde*. 26 de febrero. Consultado el 18 de diciembre de 2015. http://www.lemonde.fr/asie-pacifique/article/2010/02/26/l-utili-sation-de-drones-au-pakistan-n-a-pas-d-effet-sur-la-guerre_1311552_3216.html
- Bobin, Frédéric. 2014. "Malala Yousafzai: 'Je veux l'éducation pour les enfants de tous les terroristes'". *Le Monde*. 10 de octubre. Consultado el 18 de diciembre de 2015. http://www.lemonde.fr/asie-pacifique/article/2014/10/10/la-jeune-pakista-naise-malala-yousafzai-recompensee-par-le-prix-no-bel-de-la-paix_4504255_3216.html
- Bovin, M. 1998. *Le Pakistan*. París : Presses universitaires

de France, colección *Que sais-je?*.

- Lejeune, Philippe. 1994. *El pacto autobiográfico y otros estudios*. Madrid: Megazul.
- Portal de la Fundación Malala. Consultado el 18 de diciembre de 2015.
  https://www.malala.org/
- Portal de UNICEF, "Estadísticas sobre Pakistán". Consultado el 18 de agosto de 2016.
  http://www.unicef.org/spanish/infobycountry/pakistan_pakistan_statistics.html

www.resumenexpress.com

ISBN ebook: 9782806283115

ISBN papel: 9782806283122

Depósito legal: D/2016/12603/303

Cubierta: © Primento

Libro realizado por <u>Primento</u>*, el socio digital de los editores*